Uwe-Michael Gutzschhahn
Die Muße der Mäuse

Uwe-Michael Gutzschhahn

Die Muße der Mäuse

Gedichte

Mit Zeichnungen von
Manfred Schlüter

ELIF VERLAG

Für Erich Jooß († 2017),
der mich bis zum letzten Gedicht dieses Bandes
in Freundschaft beraten und unterstützt hat.

Und für Hanne,
die immer da ist und zuhört.

IMPRESSUM
Veröffentlicht im ELIF VERLAG
Zweite Auflage November 2018
© Gedichte: Uwe-Michael Gutzschhahn
© Illustrationen: Manfred Schlüter
Cover- und Innenillustration: Manfred Schlüter
Druck: CPI books-Leck, Printed in Germany
ISBN 978-3-946989-11-0

Alle Rechte vorbehalten

Wir suchen ein Wort
das nur aus Spielen gemacht ist –
die Spiele sind unsere Boten.

Günter Bruno Fuchs

Begrüßung

Der Igel schaut noch in den Spiegel,
der Star fährt sich nervös durchs Haar,
die Ratte zupft an der Krawatte,
der Floh, der rennt noch kurz aufs Klo.

Am heißen Herd, da kocht das Pferd,
das Schwein sucht schnell nach einem Wein,
die Ameise übt noch mal leise
zu singen auf ganz zarte Weise.

Die Kuh schlüpft eilig in die Schuh,
die Maus hält einen Blumenstrauß,
der Stier, der reißt jetzt auf die Tür
und dann – küsst dir der Elefant die Hand.

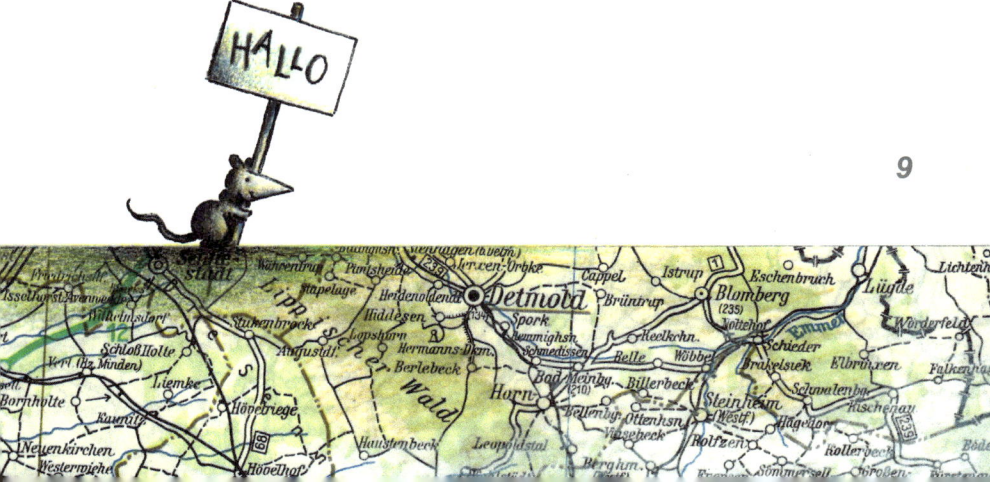

Glückszahl

Dreimal fünf ist hundertsieben,
so hab ich es hingeschrieben.
Wie ich drauf gekommen bin,
weiß ich nicht, vielleicht kommt's hin.
Und wenn nicht, ist's auch egal,
morgen rat ich noch einmal.
Dann liegt vielleicht fünfmal drei
irgendwo bei hundertzwei.
Und wenn das nicht richtig ist,
dann ist Rechnen eben Mist
und ich lerne lieber das,
was mir rundherum macht Spaß.
Hundertsieben leuchtet ein,
könnte meine Glückszahl sein,
und wenn nicht, dann hundertvier!
Keiner hat sie außer mir.

Nele

Alles, was ich gerne tue:
morgens schlafen. Bitte Ruhe!
Schule schwänzen, Fahrrad fahren,
Nele zupfen an den Haaren.
Pommes essen mit viel Ketchup,
Tore machen für den Bolzclub.
Heimlich Online-Spiele spielen,
zwischendurch nach Nele schielen.
Fletsche bauen und mit schießen,
einfach faul den Tag genießen.
Eiskrem schlecken, Schoko, Erdbeer,
Haselnuss mag Nele noch mehr.
Zettel schreiben, knüllen, werfen,
Klingelstreiche, Leute nerven.
Abends unterm Bettzelt liegen,
Gänsehaut vom Lesen kriegen.
Und wenn finster alles ruht,
träumen, was wohl Nele tut.

Manchmal abends

Manchmal abends,
wenn ich in den Himmel schaue,
fühl ich mich ganz klein.
Wie ein schwarzer Wintermantel
hüllt die Nacht die Dächer ein.
Ein paar helle Punkte nur, weit entfernt im All,
stehen schweigend da,
so als wär'n sie sehr allein.

Manchmal abends,
wenn ich in den Himmel schaue,
wähl ich einen aus, sein Licht ganz fein
wirft mir einen Faden zu und wispert:
Nun sind wir zu zwein.

Tausend Dinge

Ich will meinem Teddy ein Lied singen,
damit er gut schlafen kann.
Das Lied soll erzählen von tausend Dingen,
die ich gestern ersann:

> Blaubarthasen
> Pustewindnasen
> Streuapfelrasen
> Himbeerlichtblasen
> Schaukelhundvasen
> Waldtraumoasen
> Im Kuckucksglück grasen

Das sind schon mal sieben, die sehr schön klingen
und die ich dir aufsagen kann.

Besuch

Abends wenn ich müde werd',
kommt zu mir ein weißes Pferd.

Und ich lass es in mein Zimmer,
doch ich habe keinen Schimmer,
was es von mir will,
denn es gibt nicht viel.

Weder Hafer noch Heu,
weder Sand noch Streu,
weder Weide noch Stall,
bloß einen Ball.

Sieht das Pferd ihn an,
schnuppert dran,
setzt sich auf den Ball,
schieß ich ihn ins All.

Fliegt jetzt abends spät
ein weißer Komet
und sein Schweif ganz klein
winkt zum Fenster rein.

Eines Abends

Eines Abends verschwand die Stadt
mit allem Drum und Dran in einer Straße.

Und die Straße verschwand
mit allem Drum und Dran der Stadt
in einem Haus.

Und das Haus verschwand
mit der Straße
und mit allem Drum und Dran der Stadt
in einer Küche.

Und die Küche verschwand
mit dem Haus
und mit der Straße
und mit allem Drum und Dran der Stadt
in einem Kochtopf.

Und der Kochtopf verschwand
mit der Küche
und mit dem Haus
und mit der Straße
und mit allem Drum und Dran der Stadt
in einem Dunstabzug.

Und der Dunstabzug verschwand
mit dem Kochtopf
und mit der Küche
und mit dem Haus
und mit der Straße
und mit allem Drum und Dran der Stadt
in einer Wolke.

Und die Wolke verschwand
mit dem Dunstabzug
und mit dem Kochtopf
und mit der Küche
und mit dem Haus
und mit der Straße
und mit allem Drum und Dran der Stadt
in einem Regentropfen.

Und in dem Regentropfen waren
die Wolke
und der Dunstabzug
und der Kochtopf
und die Küche
und das Haus
und die Straße
und alles Drum und Dran der Stadt,
als hätte sie jemand geträumt.

Ein Windhauch

Ein Windhauch steigt empor vom See,
er dreht nach Luv, er dreht nach Lee,
er weht allein auf weiter Flur,
ein Boot schwankt sanft im Wasser nur.

Und als sonst weiter nichts geschieht
und er den See so ruhen sieht
(der Sonne gelbes Abendlicht
wie Dotter fließt, mehr tut sich nicht),

verwirft er, was er vorgehabt.
Er denkt: Na gut, hat nicht geklappt,
und legt mit einem letzten Dreh
ans Ufer sich vom stillen See.

Sieben Leben

Unsere Katze lag auf der Fensterbank.
Sie war alt, sie war krank.
Sie schaute nicht mehr nach den Meisen im Baum.
Ihr Blick war nach innen gekehrt, wie im Traum
dachte sie an die Hoffnung ganz fern,
ihr siebtes Leben zu leben auf einem Stern.

Engel

Kommt ein Engel zu mir:
Hast du 'n Auto hier
mit Benzin im Tank?
Ich bin völlig blank.

Sag ich: Engel, na ja,
Auto wär schon da.
Ist bloß viel zu klein,
passt kein Flügel rein.

Meint er: Schade, na dann,
nichts für ungut, Mann,
und geht fort zu Fuß.
Ruf ich: Gott zum Gruß.

Zauberhut

Morgens, wenn ich schlafen geh,
juckt es mich am großen Zeh.

Morgens, wenn es dunkel wird,
hab ich Tag und Nacht verwirrt.

Morgens, wenn das Licht ausgeht,
hab ich einen Stern verdreht.

Morgens, wenn die Nacht anfängt,
habe ich den Mond verschenkt.

Morgens, wenn der Tag ausruht,
träum ich mir 'nen Zauberhut.

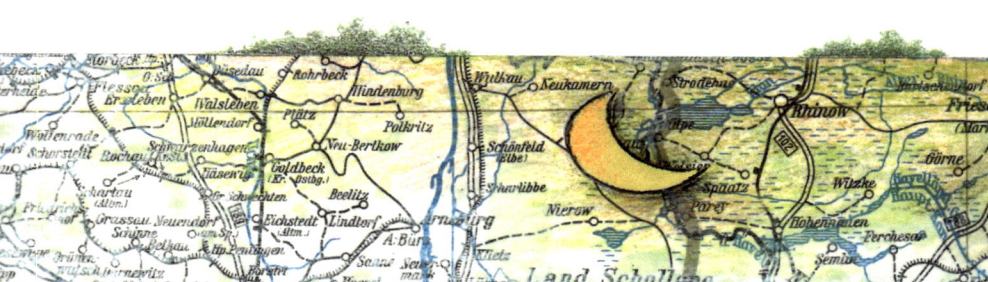

Märchen

Ich bin deine alte Tante,
schau auf mein güldenes Haar.
Weil ich dich im Ofen verbrannte,
heißt's, ich bin im Kopf nicht mehr klar.
Märchen, Märchen, Märchen!
Wir zwei sind ein Liebespaar.
Ich schenk dir ein winziges Härchen
und unsre Geschichte wird wahr.

Schlaflied

Abends, wenn ich schlafen geh,
fährt ein roter LKW
übers Laken, weiß wie Schnee,
bis ich mich im Bett umdreh
und dort etwas andres seh
hinter meinem großen Zeh.

Abends, wenn mein großer Zeh
übers Laken fährt wie Schnee,
schläft mein roter LKW,
bis ich mich im Schweiß umseh,
mich in meinem Bett verdreh
und ganz leise flüstre: Geh.

Abends, wenn ein Laken Schnee
schläft in meinem LKW
und ich meinen Zeh umdreh,
wird mein Bett rot und ich geh,
weil ich nichts mehr richtig seh,
trink ein Glas Kamillentee.

Das Meer

Als das Meer nach Hause kam,
fing es gleich zu kochen an,
holte Wasser, Salz und Fisch,
nahm die Gräten aus am Tisch,
putzte ihn,
würzte ihn,
strich ihn ein mit Öl vom Wal
für ein wunderbares Mahl.

Als der Fisch schön braun und gar
und das Meer zufrieden war,
kratzte es sich träumerisch
und verspeiste dann den Fisch.

Das Lachen

Einmal ging ich
zum Lachen,
klingelte an seiner Tür.

Hallo, Lachen,
möcht gern was machen.
Komm raus mit mir.

Wie wär's mit
Lachtränenlachen lachen,
fragte das Lachen.

Bis alle aufwachen?
sagt' ich zum Lachen.
Alter, das machen wir!

Verkehrte Welt

Wenn die Häuser übern Schornstein fliegen,
Sterne schwarz im Straßengraben liegen,
Hunde an die Kirchturmspitzen pinkeln,
Ampeln leuchten in den Kellerwinkeln,

wenn der Bordstein auf dem Flugplatz landet,
eine Straßenbahn im Gulli strandet,
Ententeiche durch ein Kaufhaus ziehen,
Fahrräder aus Pizzaöfen fliehen,

wenn der Stadtpark auf die Bank sich setzt,
wenn der Küchenschrank die Ratten hetzt,
wenn ein Flügel sich am Kopf verletzt

und die Schule aus den Wolken fällt,
ist die Turmuhr auf den Kopf gestellt,
was dem Mann im Mond sehr gut gefällt.

Kleilinelis Hulihn
oder Gedicht in Li-Sprache

in Erinnerung an Joachim Ringelnatz

Ilich bilin eilin kleilinelis Hulihn,
ulind halib nilicht vielil zuli tulin.
Kolimm zuli milir ilin meilin Haulis,
duli sülißeli kleilineli Maulis.
Dalinn kulischeliln wilir ilim Strolih
zuli zweilit olidelir milit Flolih.

Reimlos

Nein, Reime bilden kann ich nicht.
Was reimt zum Beispiel sich auf Licht?,
so sprach genervt die Katz.
Ich lieb die Nacht, die Dunkelheit,
da reimt sich gar nichts weit und breit.
Gibt es vielleicht ein Wort auf Maus?
Ach, ich verschlaf den Tag im Haus
an meinem Ruheplatz.

Vom Fenster

Viele Vögel fliegen fleißig fort von fahlen Feldern.

Viele Vögel fliegen fleißig.

Viele Vögel fliegen.

Viele Vögel.

Viele.

Fort.

Rollmops-Gedicht

Ein Rollmops rollt sich durch das Meer,
er rollt sich hin, er rollt sich her,
er rollt sich längs, er rollt sich quer,
er rollt die Gurke, sie liegt schwer,
mit jeder Rolle rollt sie mehr,
der Rollmops spuckt sie aus ins Meer
den andern Fischen zum Dessert.

Krähen

Kra kra
kra kra
Mama kra kra

Ja ja kra kra

Kra kra Mama
kra kra kra kra

Na na na na
kra kra Papa

Kra kra kra kra
Kacka Mama

Na na kra kra
kra kra ba ba

A-a kra kra

kra kra da da

La la la la

kra kra

 kra kra

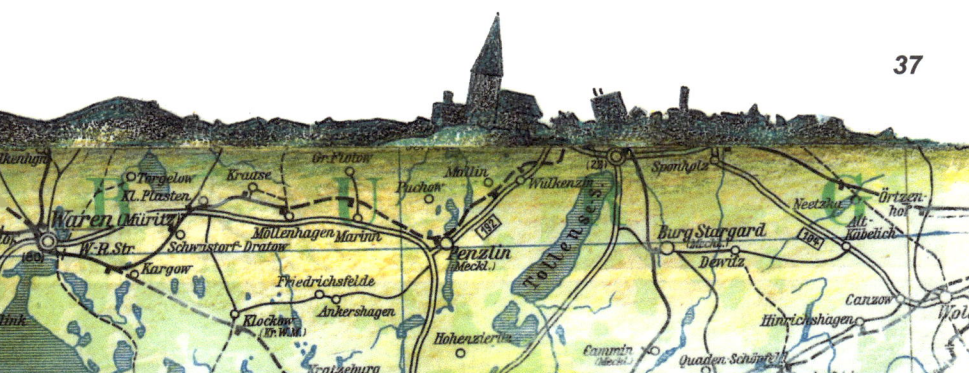

Kopfstand

Es amseln die Zwitschern.

Es grillen die Zirpen.

Es pferden die Wieher.

Es bienen die Summen.

Es gänsen die Schnatter.

Es hirschen die Röhre.

Es enten die Quaken.

Es mäusen die Pfeife.

Es kühen die Muhe.

Es raben die Krächzen.

Es igeln die Kecker.

Es wölfen die Heule.

Es tauben die Gurren.

Es schweinen die Grunze.

Es hühnern die Gacker.

Es katzen die Fauchen.

Es schafen die Blöke.

Es hunden die Belle.

Die kopf steht Erde.

Aus den Gelden fällt Tasch.

Ich Leute euch sage:

Die Welt überrascht.

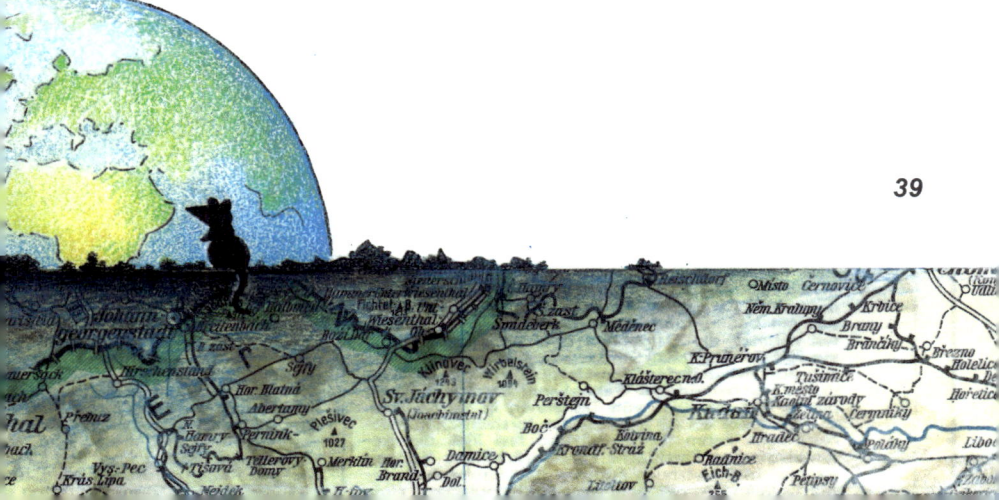

Sonnenstich

Am Baggersee auf der Liegewiese
liegen Badenixen in der Sommerbrise.

Am Saggerbee auf der Wiegeliese
siegen Nadebrixen in der Lommerbise.

Am Waggerlee auf der Siegebiese
baden Sommerbrixen in der Liegenise.

Am Saggerwee auf der Liegebiese
sommern Niegebrixen in der Ladebise.

Am Laggerbee auf der Wiegesiese
nixen Bradesommer in der Biegenlise.

Am Waggernee auf der Liegebriese
sixen Lommersiegen in der Badebise.

Am Laggerwee auf der Biegeliese
biegen Nadesixen in der Brommersise.

Gedicht in Flohsprache

nach und für Jan Koneffke

Hoho, do Floh!
Hoho, do Floh!
Wos schrost do so?

Oh, oh, oh, oh,
och bon k. o.
Mon ormer Po,
dor jockt moch so,
schrot lot dor Floh
ond ronnt ofs Klo.

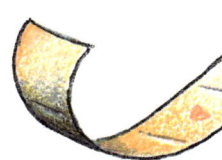

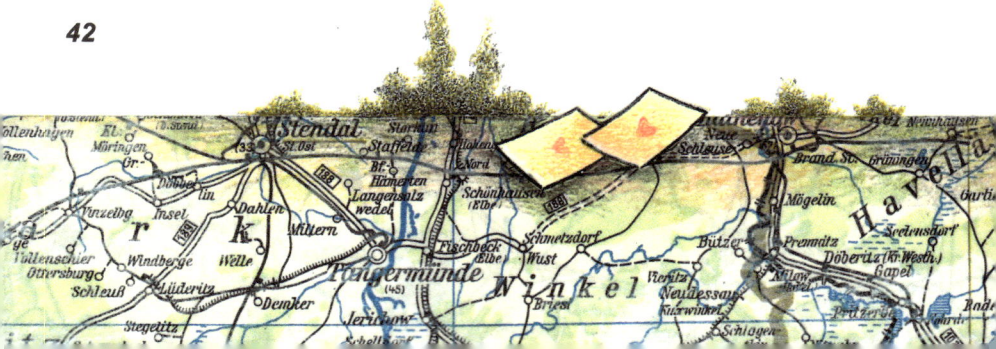

Unbestritten

Frau von Itten hat in Witten
trotz der Bitten eines Briten
so gestritten, dass dem Briten
gegen alle guten Sitten
seine Dritten sind entglitten
mitten rein in seine Fritten –
daran hat er lang gelitten.

Sieben Pinguine

Sieben junge Pinguine
kamen in die Schulkantine.
Wollten gerne Linguine
und zum Nachtisch Apfelsine
wegen all der Vitamine.

Doch es gab nur Aubergine
und dazu 'ne Reisterrine.
Gab nicht mal 'ne Mandarine
oder eine Klementine,
wenn schon keine Apfelsine.

So was nennen die Kantine?,
schimpften sieben Pinguine,
zogen ab mit finstrer Miene.
Setzt sich eine kleine Biene
summend auf die Reisterrine.

Schwäne

Schöne Schwäne

schauen

stundenlang

staunend

schöne

Spiegelschwäne an

Verträumter Hund

In Erinnerung an Oskar Pastior

Ich bin ein sehr verträumter Hund
bitte küss mich auf den Mond

Auf dem Mond geküsst zu werden
ist viel schöner als auf Wasser

Im Wasser wohnt ein Ungeheuer
ich fürchte mich vor seinem Besen

Der Besen kehrt die Wünsche aus
ich such sie überall im Garten

Im Garten liegt vom Herbst viel Laub
und jedes Blatt wird hier bald Traum

Ich bin ein sehr verträumter Hund
bitte küss mich auf den Mond

Hai – Kuh 1 + 2

Für Carol Ann Duffy

Hi, rief eine Kuh
vom Strand dem Hai im Meer zu.
Muh, sagte der Hai.

Muh, sagte der Hai
vom Meer aus zur Kuh am Strand.
Hi, grüßte die Kuh.

Hund und Katz

Ein Fahrrad mit eckigen Reifen
schwamm eilig im Stand durch die Luft.
Ich sah seinen Auspuff pfeifen
und hörte im Tank einen Duft.

Still schlafend sann auf dem Lenker
ein Hund und trat ins Pedal.
Er fuhr geradeaus einen Schlenker
und schoss einen Berg hoch ins Tal.

Dort wohnte im Teich eine Katze,
die schenkte mit Kerzen ihm Licht.
Da roch der Hund ihre Tatze
und küsste ihr Mausgesicht.

Hirn an Mund

Zeig ihm die Stirn, flüstert das Hirn.
Kann man nichts machen, räuspert der Rachen.
Bei meiner Seele, röchelt die Kehle.
Wird ganz schön knacken, pusten die Backen.
Dann drück ich die Daumen, raspelt der Gaumen.
Verrückte Pläne, schnalzen die Zähne.
Junge, Junge, lispelt die Zunge.
Na und, denkt der Mund
und schreit los ohne Grund.

Gebet

Lieber Gott, ich bitte dir,
schau vorbei erst kurz nach vier,
wenn ich dann nach Hause komm,
bin ich müde und lammfromm.
Vorher aber guck nicht hin,
ist nicht so in deinem Sinn,
was ich mit dem Jasper mache,
aber das ist meine Sache,
wenn ich dieser alten Sau
eine in die Fresse hau.

Schule

Jeden Morgen der Wecker.
Jeden Morgen waschen.
Okay, das Frühstück ist lecker,
aber im Bus diese Flaschen
mit ihren dämlichen Taschen.
Jeden Morgen steht plötzlich eine im Gang.
Jeden Morgen leg ich mich lang.
Alle lachen.

Kater

Im Haus
wohnen Klaus,
sein Vater
und eine Maus.

Morgens hat Klaus' Vater
oft einen Kater,
dann macht er Theater
im Haus.

Der Kater,
die Maus –
der Vater und Klaus
rasten aus.

Morgenkanon

nach Adalbert von Chamisso

Das ist das Leid des frühen Aufstehns.
Das ist das frühe Aufstehn des Leids.
Das ist das frühe Leid des Aufstehns.
Das ist das Aufstehn des frühen Leids.

Das ist das Pech der kalten Dusche.
Das ist die kalte Dusche des Pechs.
Das ist das kalte Pech der Dusche.
Das ist die Dusche des kalten Pechs.

Das ist das Glück des guten Frühstücks.
Das ist das gute Frühstück des Glücks.
Das ist das gute Glück des Frühstücks.
Das ist das Frühstück des guten Glücks.

Elferschüsse

Mats tritt vor
volles Rohr –
TOR!

Ann geht hin
leichter Spin –
DRIN!

Rico jetzt
hart gesetzt –
NETZ!

Jan zielt keck
hoch ins Eck –
SCHRECK!

Teufelsdreck
Ball dreht weg –

AUS!

Weite Reise, kurz erzählt

Als ich am großen Wagen zog,
fiel ein Stern vom Himmel.
Er flog und flog
durch Sonnengewimmel
mir in die Hände –
glückliches Ende.

Meisenweise

Gute Reise

wünscht die Meise

und setzt sich auf die Bahnhofsgleise.

Die Muße der Mäuse

Nachts unter dem Weihnachtsbaum kauern
und warten, dass Nüsse fallen.*

*Aber vorher mit jedem Haar lauern,
ob Katzen im Zimmer die Pfoten krallen.

Herr Bauer

Ein Schaf, das mähte durch die Wiese
das fand Herr Bauer keck.

Drum kaufte er noch einen Mäher
zu zweit klappt alles eher.

Der Mäher aber knurrte fiese
da lief das Schaf schnell weg.

Schöne Sauerei

Die Suppe kocht,
die Suppe steigt
samt Porree und Karotten,
und wenn sie schön lang überkocht,
kannst du den Topf verschrotten.

Froher Floh, so nett

Eines Tages kam ein Floh,
zahlte Eintritt für den Zoo,
sah sich um – aha, soso –
und verschwand dann irgendwo.

War ihm alles viel zu groß,
dachte sich, wer sieht mich bloß,
wenn ich schreite virtuos
oder klettre mühelos.

Macht der Elefant mich platt,
setzt der Affe mich schachmatt,
wäre das doch ziemlich schad.

Deshalb geh ich fort von hier.
Fehlt dem Zoo dann zwar ein Tier.
Andrerseits, was macht das mir?

Erdmännchen-Story

Sechse gucken in die Runde,
sehen aus wie kleine Hunde,
gucken rechtsrum,
gucken linksrum,
einer ist nicht mit im Bunde.

Sechse fiepen nur ganz leise,
stehn erstarrt wie Marmorgreise,
fiepen rechtsrum,
fiepen linksrum,
einer holt die Abendspeise.

Sechse starren stundenlang,
warten auf den großen Fang,
starren rechtsrum,
starren linksrum,
fragen sich schon schrecklich bang:

Wieso braucht der Depp so lang?

Wenn sich die Amöbe
nicht durchs Wasser schöbe

Hätt sie mehr als eine Zelle
und im Kopf nicht eine Delle,
flög sie in der Sommerhelle
mit 'nem Gleitschirm herrlich schnelle
über jede Meereswelle.

Hätt sie mehr als eine Zelle,
stieg sie aus der engen Pelle,
suchte in der Kleinstadt Melle
Öl aus tiefer Erdenquelle,
äße gerne Tagliatelle.

Doch sie hat nur eine Zelle,
beißt in keine Frikadelle,
tritt auch über keine Schwelle,
schöpft die Weisheit nicht per Kelle,
baut sich keine Zitadelle.

Keine Kalorientabelle,
nichts mit Fasching und Kamelle.
Alles Leere, Bagatelle.
Aber ohne diese Zelle
wär hier nichts an seiner Stelle.

Wär der Zoo ohne Gazelle
und der Fluss ohne Forelle,
nirgends flöge 'ne Libelle,
reifte keine Mirabelle,
Hunde machten kein Gebelle.

Stille wär an ihrer Stelle,
weit und breit nicht ein Geselle
freute sich an Tagliatelle,
schöb nicht die Amöbenzelle
dumm sich durch die Wasserwelle.

Ich grüße dich!

Der Riesenwalfisch Ottokar,
der weit durchs Meer geschwommen war,
stieß knapp vor Island um ein Haar
auf einen Geysir, was, na klar,
zunächst ganz schön erschreckend war.

Doch Ottokar, der dachte sich:
Das ist ein Walfisch so wie ich!
Das Sprudeln heißt: Ich grüße dich!
Zurückzusprudeln nahm er sich
den Bauch voll Luft und duckte sich.

Das sah die Fliege Miramar,
die gerade aufgestiegen war,
und sagte sich: Was für ein Narr!
Lässt so ein blöder Wal doch gar
vor Island Fürze, wirklich wahr!

Wenn ich nun einfach pinkeln tät,
nur weil 'ne Wolke sich mal bläht
und mich mit Regen übersät!
Die Fliege klar in Wut gerät
und sich auf Ottokar entlädt.

Anmerkungen des Autors

Das Gedicht „Das Meer" wurde als Manifest-Beitrag für das erste Internationale Kinderlyrikfestival „versfest berlin" geschrieben, das im März 2017 stattfand.

Das Gedicht „Kleilinelis Hulihn" basiert auf einer Idee von Joachim Ringelnatz (1883-1934), der ein „Gedicht in Bi-Sprache" geschrieben hat und dabei den Text mit eingeschobenen „bi"-Lauten verfremdet. Die Bi-Sprache, die nach jedem Vokal ein „bi" setzt, gibt es tatsächlich und entstand im Rheinland. Mit ihr haben Jugendliche versucht, das Gesagte für fremde Zuhörer zu verschlüsseln. Ich fand immer schade, dass die Auflösung des Ringelnatz-Gedichts ein wenig fern war der Vorstellungswelt von Kindern, für die der Text natürlich auch nicht gedacht war. So entstand mein Gedicht in „Li-Sprache", die genauso funktioniert wie die Bi-Sprache, aber meine eigene „Geheimsprache" ist. Wer das Gedicht gar nicht aufzulösen schafft, dem sei hier geholfen:

Kleines Huhn
Ich bin ein kleines Huhn,
und hab nicht viel zu tun.

Komm zu mir in mein Haus,
du süße kleine Maus.
Dann kuscheln wir im Stroh
zu zweit oder mit Floh.

Das „Gedicht in Flohsprache" ist dem Dichter und Schriftsteller Jan Koneffke (*1960) gewidmet. In dessen „Gedicht in Gnusprache" heißt es: „Du hust du unen Fluh, du Gnu!" So wurde mein Text eine Art Fortschreibung an und für den Dichterfreund.

Das Gedicht „Verträumter Hund" entstand in Erinnerung an den Dichter Oskar Pastior (1927-2006), bei dem es in der letzten Zeile des Poems „Junikäfer" heißt: „Ich bin ein farsch geleimter Hund". Auch sein Gedicht arbeitet mit lauter falschen Reimen (farschen Leimen). Nachdem ich den Text in meine Nonsens-Anthologie von 2015 aufgenommen und bei Lesungen immer wieder das Lachen der Kinder über die falschen Reimwörter erlebt hatte, habe ich mich getraut, dem verstorbenen Dichterfreund mein Gedicht nachzuschreiben.

Die Idee des Gedichts „Morgenkanon" basiert auf dem Gedicht „Kanon" von Adalbert von Chamisso (1781-1838), das aber vom Elend des Krieges handelt. Die Zeilen von Chamisso lauten:

Das ist die Not der schweren Zeit!
Das ist die schwere Zeit der Not!
Das ist die schwere Not der Zeit!
Das ist die Zeit der schweren Not!

Inhalt

1

Begrüßung	9
Glückszahl	10
Nele	11
Manchmal abends	12
Tausend Dinge	13
Besuch	14
Eines Abends	16
Ein Windhauch	19
Sieben Leben	20
Engel	21
Zauberhut	22
Märchen	23
Schlaflied	24
Das Meer	26
Das Lachen	27

2

Verkehrte Welt	**31**
Kleilinelis Hulihn	**32**
Reimlos	**33**
Vom Fenster	**34**
Rollmops-Gedicht	**35**
Krähen	**36**
Kopfstand	**38**
Sonnenstich	**40**
Gedicht in Flohsprache	**42**
Unbestritten	**43**
Sieben Pinguine	**44**
Schwäne	**45**
Verträumter Hund	**46**
Hai – Kuh 1+2	**48**
Hund und Katz	**49**

3

Hirn an Mund	53
Gebet	54
Schule	55
Kater	56
Morgenkanon	57
Elferschüsse	58
Weite Reise, kurz erzählt	59
Meisenweise	60
Die Muße der Mäuse	61
Herr Bauer	62
Schöne Sauerei	63
Froher Floh, so nett	64
Erdmännchen-Story	65
Wenn sich die Amöbe nicht durchs Wasser schöbe	66
Ich grüße dich!	68
Anmerkungen des Autors	73